NOËL, NOËL !
Merry Christmas

Autres publications

CHANGER POUR LE MEILLEUR
(À Crise Aiguë, Solution Radicale)

LES 3 ET 1 PETITS COCHONS
(L'histoire revisitée, écologisée et spiritualisée des 3 PETITS COCHONS)

© 2021 Claude TROUILLER
Édition : BoD – Books on Demand
12/14 rond-point des Champs-Élysées, 75008 Paris
Impression : BoD - Books on Demand, Norderstedt, Allemagne
ISBN : 9782322397952
Dépôt légal : Novembre 2021

Traduction Louis Segond 1910 pour les textes bibliques

NOËL, NOËL !
Merry Christmas

Pas Sans Sa Vraie Histoire

⌘

Claude TROUILLER

TABLE DES CHAPITRES

Chapitre 1 : NOËL, PÈRES-ET-MÈRE-VEILLAIENT (nouvelle)   p. 5

Chapitre 2 : NOËL CÉLÈBRE LA VENUE DE JÉSUS   p. 21

Chapitre 3 : PROPHÉTIES ANNONCIATRICES   p. 25

Chapitre 4 : POURQUOI JÉSUS EST-IL NÉ ?   p. 29

Chapitre 5 : LA VRAIE DATE DE NAISSANCE DE JÉSUS ?   p. 33

Chapitre 6 : ET POURQUOI NOËL LE 25 DÉCEMBRE ?   p. 37

Chapitre 7 : POÈMES   p. 41

⌘

Chapitre 1

NOËL, PÈRES-ET-MÈRE-VEILLAIENT

L'HISTOIRE FANTASTIQUE D'UNE NAISSANCE EXCEPTIONNELLE... qui a aussi fait naître NOËL

Nouvelle

⌘

L'enfant est né. Un beau garçon. Youssef (Joseph) l'a placé dans la mangeoire des animaux. Myriam (Marie) somnole.

Joseph – Je suis franchement désolé qu'on n'ait trouvé que cette écurie, mais on n'avait vraiment plus le temps, et vraiment trop de monde ici avec ce recensement !... Et puis je l'avoue, bien souvent je ne comprends pas Hashem *(Nom donné à Dieu par les juifs)*.

Marie – C'est nous qui n'avons pas dû faire attention à quelque chose.

Joseph – Non Myriam, c'est la faute des Romains ! Sans leur recensement, nous n'aurions pas eu à faire ce long déplacement ! Ça leur sert à quoi de nous compter comme si on était leurs biens !? On n'est pas de leurs pâturages !... Et puis il faut être logique, le nombre change tout le temps.

Marie – C'est nos péchés qui nous ont amenés sous leur domination Youssef. Nous n'avons pas à leur en vouloir.

Joseph – Certes, certes, nos pères ont abandonné Hashem. Nous ne sommes vraiment pas dignes de notre père Abraham !...

Il arrange de la paille sèche autour de l'enfant et reprend :

- Mais il y a quand même plus de quatre cents ans qu'Hashem se tait et ne sort plus avec nous ! Combien de temps encore avant qu'il ne nous délivre !?

Marie – Je crois mon époux, qu'il va falloir patienter encore quelques longues années.

Joseph – On mourra donc comme ceux de nos pères qui n'ont pas vu se réaliser la promesse concernant la Terre Promise.

Marie – Hashem ne voit pas passer le temps comme nous.

Joseph – Certainement... C'est bien dommage.

   Il se racle la gorge et ne dit plus rien. Marie au bout d'un moment :

– Adonaï domine sur les origines et les fins. Il ne dort ni ne sommeille le Saint béni soit-il.

Joseph – Tu as raison Mimie, je n'en disconviens pas...
   Comment te sens-tu ?

Marie – Étonnamment bien ! Je me lève d'ailleurs, je veux revoir cet enfant que j'ai eu comme nos mères Ève et Sarah, avec l'aide de l'Éternel.

Joseph – Ève avait péché.

Marie – Et Adam !?... Et nous, en quoi sommes-nous différents ?... Ce qui est important c'est que nous croyons en comptant sur sa grâce, sur son pardon miséricordieux autant que sur sa justice...

Joseph – Ouais ! Plus qu'en pensant aux bousculades et coups de bâton qu'il peut nous donner, par quelques Romains, quand nous le mettons en colère.

   Myriam regarde le bébé.

– Il est vraiment beau n'est-ce pas ! Loué soit Adonaï, l'Éternel-Dieu qui s'est penché sur son humble servante.

Youssef reste visiblement soucieux, ou intrigué, et peu enjoué par tout ce qui se passe, qui le dépasse.

Marie – Tu n'es pas jaloux quand même mon Yosy, qu'Hashem ait fait ce petit fils d'homme sans toi !? C'est **son** fils surtout. Pas le fils d'un autre... Et aussi pour une part le tien.

Joseph – Non, non, pas jaloux… Expectatif, c'est tout !… Père adoptif, soit. J'attends de voir.

Marie – Sois patient, et j'en suis certaine, il t'en donnera des fils chair de ta chair et os de tes os. Je t'aime Youssef.

Contre toute tradition, Myriam vient se blottir contre son mari qui en est agréablement surpris, et la couvre de son manteau.

Marie – Je pense qu'il n'a pas froid comme ça !… Regarde Youssef, l'âne et même cette vache rousse viennent le réchauffer du souffle qu'ils ont reçu d'Hashem… Hummm, j'aurais envie de le manger tellement il est chou !

Ce soir-là, une lumière était venue s'ajouter à celle toute ombrée de l'étable, et père et mère veillaient.

Il y eut tout à coup du remue-ménage dans la rue, juste devant l'écurie. Youssef se réveille et tend l'oreille. Myriam ne dort pas non plus.

- Qu'est-ce que c'est ?

La porte s'entrebâille doucement. Une tête, puis deux, puis trois apparaissent au milieu de chuchotements.

- Oui, on dirait que c'est ici.
- Je crois bien qu'on y est les gars !

Un peu plus fort : - On peut entrer ? Y a quelqu'un ?

C'était des bergers qui avaient été divinement avertis par un concert d'anges heureux, qu'un sauveur était né pour amener la paix à ceux des hommes et des femmes qui seraient de bonne volonté.

Et les voilà devant l'accomplissement de l'annonce. Vivement saisis par l'Esprit-Saint, ils se prosternent devant l'enfant et louent Dieu de ce qu'il a visité son peuple.

- Dans la ville de David, dit l'un d'entre eux soudain saisi par cette idée qui le traverse.

- Serait-ce le Mashiah (le Messie), demande un autre en regardant intensément un de ses compagnons comme pour entendre la réponse qu'il espère !?

Si les anges ne sont pas là (ou redevenus invisibles), leurs chants et la bonne nouvelle qu'ils annoncèrent emplissent les cœurs et l'atmosphère de la joie du Ciel.

Mais la nuit suivante, Myriam eut un songe inquiétant, qu'elle partagea avec son mari.

– Youssef, c'est horrible, j'ai fait un affreux cauchemar ! Mon cœur en a été transpercé comme par une épée…

Nous étions montés tous les deux avec Yeshoua *(nom de Jésus en hébreu)* à Jérusalem. Il avait alors 12-13 ans. Peut-être était-ce pour sa Bar-Mitzvah… Bref, on l'avait perdu ! Tu te rends compte Youssef, perdu ! Et - mon Dieu quelle horreur ! -, on ne s'en était même pas aperçu le jour-même ! On ne l'a retrouvé que tard le lendemain. J'ai peur Youssef ! J'ai peur de n'être pas à la hauteur d'un tel don d'Hashem.

Joseph – Oui, c'est impressionnant. Comment peut-on savoir si c'est Hashem qui t'a parlé ; ou est-ce un tour du vilain Shatan !?..

Pour tout dire, moi j'ai eu le sentiment d'avoir à descendre en Égypte comme firent nos pères pour sauver leur vie…

Mais ne nous laissons pas submerger par des pensées ou des rêves qui ne sont peut-être même pas des songes.

Dans le cours du lendemain, Joseph revient tout heureux.
- Myriam, Myriam, crois-moi si tu veux, mais j'ai rencontré un homme – ô comme on lit dans la Torah *(les Écritures données par Moïse)* –. Il m'a ouvert sa maison et en parlant il m'a dit avoir une maison où on pourrait rester le temps nécessaire avant de repartir. Je retourne pour la visiter ce soir ; ce propriétaire serait d'accord pour me la louer si je lui refais la charpente d'une dépendance.

Marie – Que l'Éternel soit loué qui dispose les cœurs en faveur de ses enfants. Yeshoua me rend si heureuse Youssef ! Et toi aussi tu es un bon mari, et un père solide pour ce fils qui nous a été donné.

Joseph se redresse et tire sur sa ceinture en programmant :

– On va pouvoir monter à Jérusalem pour la circoncision, la présentation au Temple et ta purification ; puis on visitera un peu la cité de David, et après on retournera tranquillement à Nazareth.

Il y eut bientôt pour eux à Bethléem une maison et du pain *(comme le dit le nom de cette bourgade)*.

Et auprès de Yeshoua, les pères et mère veillaient.

Soudain il y eut beaucoup de bruit et de mouvements entre les maisons et parmi la poussière. Trois gros 4x4 venaient de s'arrêter et neuf hommes en descendirent dont les trois pontes principaux de la NASA.

Un enfant dans la rue - Oui, oui, monsieur, c'est bien là qu'ils habitent, cette porte, vous pouvez sonner.

– Merci bonhomme. Tiens pour t'acheter des chewing-gums.

– Des chui... quoi !???

– Des ch'wing... Ah !.. Voyons... Peut-être dit-on des Mistral-gagnants par ici !? Enfin des bonbons ! Tiens prends... So, allons-y ! Le ciel nous a conduits.

Une fois entré, ils expliquent à Marie qu'ils trouvent seule :

– En fouillant le ciel avec nos télescopes, on a été interpellés par une conjonction de planètes produisant une lumière étonnante. Nous avons aussi eu une pensée insistante, que cette « naissance » si on peut dire, apparente dans notre ciel physique, pouvait bien en signifier une autre parmi nous. Cela nous a amenés à suivre cet astre étonnant jusqu'ici. L'enfant est-il là-bas sous cette moustiquaire ?

Marie – Oui, il doit dormir. Faut-il le réveiller ?

– On va attendre. Les choses bonnes se font en leur temps, ne croyez-vous pas !?

Marie – Ça permettra à Youssef mon mari, de rentrer de son travail.

– Très bien.

Marie – Vous venez d'où ? Je vous offre à boire de l'eau fraîche ? Nature ou avec du miel pour la sucrer !? Ici on n'a pas trop de choix.

– Bien volontiers… On vient de l'Occident, c'est très loin, d'abord en avion, puis on a débarqué nos voitures pour terminer le voyage en profitant un peu des paysages du coin. Vous êtes vraiment dans un bon pays, où coulent encore le lait et le miel je suppose !?

Marie – Malgré les épreuves qui ne manquent pas, et qu'il nous donne de supporter, les bontés de l'Éternel envers nous ne sont pas épuisées.

– Amen. Nous aussi on s'est un peu égarés sur la fin. Nos instruments ne sont pas encore suffisamment précis. Nous sommes donc allés à Jérusalem, et là-bas on a été redirigés jusqu'ici. Ah, j'entends l'enfant bouger il me semble !...

Un autre des pontes : - Ne bougez pas, je vais chercher les cadeaux, tu viens avec moi Gaspard !

Ils se dirigent donc vers la porte, qui s'ouvre juste quand il l'approche.

– Woh, porte automatique ici aussi ?!...

Non, c'est un homme qui paraît.

– Ah, vous êtes Youssef je suppose !?... Excusez-moi, je sors, on va vous expliquer.

Conformément à leur disposition de cœur, les astronomes ont amené beaucoup de cadeaux plus riches, plus utiles et significatifs les uns que les autres.

– Et ça, voyons ?… Quoi, un produit à base de myrrhe pour embaumer les corps ! Je ne sais pas qui a mis ce paquet parmi les cadeaux, mais c'est incroyable quand même, si on ne vérifie pas tout soi-même ! Excusez-nous !... Mais bon, puisqu'il est là, on ne va pas le remporter… Et encore celui-ci, attention c'est vraiment très lourd…

Joseph – Arrêtez, arrêtez, on ne mérite pas tout ce bien.

– Mais Yeshoua si ! C'est pour que vous vous occupiez de lui et de votre famille sans gêne. On ne fait pas ça au hasard vous savez !

Marie – C'est magnifique, on se croirait à Noël !

Un autre ponte : – C'est peut-être une parole prophétique que vous dites-là Marie ! Vous permettez que je vous appelle Marie !? Chez nous, on aime bien adapter les noms à notre culture !

Marie – Pourquoi pas ! Youssef, ta femme s'appelle Marie.

– Et Youssef, ce sera... Joseph chez nous, vous êtes d'accord Youssef ?

Joseph – Qu'il soit fait selon la grande sagesse de notre Elohim le grand Dieu d'Israël qui dispense sa bonté sur tous les hommes.

Marie – Et Yeshoua, comment l'appellerez-vous dans votre langue !?

– Yeshoua, Yesh-ou... Disons que chez nous ce sera, humm... Jesus ! On écrit Jesus mais nous on va prononcer Djézeusse.

Joseph – Ah ben !... Djézus, Djézeusse. Ma mie, on a un "petit Djézus".

– Non, oh non, Joseph ! Non, ne dites surtout pas ça ! Jésus (en français) est toujours très grand dans le dessein de Dieu. Nous devons voir comme Dieu voit ; Pas avec nos lunettes d'humain amoindri...

Oui c'est sûr qu'il va devenir ***immense*** cet enfant. Une très grande montagne de l'Éternel, qui remplira beaucoup de cœurs et toute la terre, ajouta un autre des pontes !

Joseph répéta avec un fort accent araméen : - Dyésuz.

Et ils rirent tous joyeusement car la joie de l'Éternel était leur force, et, malgré les différences, le moyen de leur union d'âmes.

Au moment du départ, Joseph eut une parole pour ces visiteurs :

– Quand vous arriverez à l'âge de la retraite, continuez à regarder au-delà de tous les sommets de la terre, du côté des cieux très-hauts, car c'est là qu'Hashem notre Elohim Adonaï assiéra son Unique, son Bien-aimé. Et à la fin, c'est encore du ciel qu'arrivera le secours, avant qu'il n'arrive finalement par la porte orientale qui est vis-à-vis du mont des Oliviers.

Les astronomes sont repartis en évitant Jérusalem où un attentat avait été fomenté contre l'Oint de l'Éternel... mais éventé, selon que si personne ne peut cacher quoi que ce soit à la CIA, à plus forte raison rien non plus n'échappe aux faces éclairées de l'Éternel, le Père merveilleux.

A la suite donc, Joseph reçut d'un ange instruction pour descendre en Égypte pour y cacher son Fils pour un temps. Ce fut juste avant que l'autorité romaine mue par le Démon-vert entre en furie, faisant massacrer quantité d'innocents de cette région (comme il sera rapporté plus tard dans les chroniques nouvelles).

Mais qu'on ne s'en alarme pas : au-delà des souffrances et de la mort même, de toute injustice qu'il voit et supporte, Dieu se revêt de son habit de rédempteur et peut faire de tout ce qui est abîmé, déchiré ou égorgé, des créations nouvelles.

Quelques années plus tard après leur retour à Nazareth, Marie eut un nouveau songe qui l'épouvanta. Elle avait commencé à repasser dans son cœur tout ce qui arrivait, en cherchant à faire le lien avec ce qui était dit à la synagogue à partir des Écritures des rouleaux et des commentaires des sages.

Quand Joseph rentra de son travail, Marie l'interpella sans tarder tout en l'attirant loin de Jésus pour qu'il n'entende pas.

– Youssef, qu'est-ce que ça veut dire !? J'en suis encore toute tremblante... Cette nuit j'ai vu tu sais de ces horribles poteaux auxquels les Romains attachent les malfaiteurs jusqu'à ce que mort s'en suive.

Il y en avait trois dressés sous un ciel très sombre. Avec des brigands cloués dessus, les bras en croix, souffrant le martyr. Et soudain - le temps d'un flash, comme ça - j'ai vu j'ai reconnu... Oh c'est trop affreux... Non, non...

Marie, secouée par un sanglot déchirant essuie nerveusement son visage qui s'est mis à transpirer, dévoilant son effroi.

– Libère-moi de cette image Youssef ! Chasse-moi cette servante de Shatan qui m'effraye encore quand j'y pense !

Joseph – Qu'as-tu vu ma douce ?

– J'ai vu… J'ai vu, au milieu, pendu… Yesh…

Sa voix se perd dans un râle d'agonie. Joseph a compris. Impuissant, il ne peut que rester longtemps immobile et muet, ses bras finissant par entourer tant qu'il peut sa frêle Marie.

Que se passait-il !? Y avait-il un risque qu'il fasse, lui, échouer le plan de Hashem !? Il se sentit soudain sans force, appesanti et de trop dans cette affaire. Et dans ce silence lourd, lui aussi pleura.

Quand enfin ils revinrent vers Jésus, celui-ci leur dit :

– Adonaï mon Père céleste – Celui qui est –, est bon et puissant. Il se glorifie d'accomplir ses desseins malgré nos faiblesses humaines et nos forces mauvaises, et il me glorifiera. Comme une mère a compassion de ses enfants, il console les cœurs brisés et tous ceux qui s'appuient sur lui ne sont pas confus.

Joseph et Marie avaient écarquillé les yeux et un baume comme celui de Galaad avait coulé sur leur cœur, sous le regard aimant invisible mais combien présent du Père émerveillé.

📑

– Ainsi Jésus grandit en sagesse, en stature et en grâce, et rien n'échappa au Dieu très-haut. Ni, quelque trente trois années plus tard, l'agonie du jardin au pressoir à huile (Gethsémané) ; ni l'arrestation de ce fils en qui il avait mis toute son affection ; ni sa crucifixion, et ni même sa mort. Il se contraignit à laisser faire, car il n'y avait aucune autre solution, aucun autre remède par lequel le genre humain séparé de son Créateur puisse revenir. Le seul remède étant ce Jésus qui faisait là la plus grande part du chemin qui rouvre la communication entre la terre asservie et le ciel divin.

D'où le troisième jour, en Père juste et glorieux, Dieu le ressuscita. Et à partir de là, Jésus devint si grand au cœur de quantité d'hommes et de femmes découvrant combien ils avaient besoin de la grâce divine, qu'il fut décidé d'abandonner le calendrier romain pour en commencer un nouveau. C'est ainsi que beaucoup de nations comme la nôtre définissent les années à partir de la naissance de Jésus...

Timothée – C'est pour ça qu'on est maintenant dans le troisième millénaire !?

Papé – Très juste ! Mais je t'en dirai plus après là-dessus.

C'est Papé, un grand-père de Timothée, qui vient de raconter (à sa façon) à son petit-fils, le récit de la naissance de Jésus, dont Noël est normalement la fête anniversaire... ou du moins un rappel.

Timothée - A Noël on parle beaucoup des cadeaux mais pas beaucoup de Jésus je trouve !

- Eh oui. C'est souvent comme si on fêtait ton anniversaire sans toi ! Curieux n'est-ce pas ?

En tout cas les années et tous les jours qu'on passe sous ce soleil sont marqués de ce qu'avec Jésus une nouvelle ère a été ouverte. Un temps durant lequel a été mise à la portée du genre humain une grâce formidable, immédiate, et qui s'étend jusqu'à notre entrée, bien vivants, dans l'éternité de Dieu.

Timothée : - C'est l'histoire vraie de Noël ?

- Tout à fait fiston ! Un peu arrangée dans la présentation, mais vraie dans le fond.

- Nickel ! Un peu drôle quand même l'histoire des 4x4 de la NASA !

- Tu as raison ! C'est un peu une blague, mais c'est aussi très juste en même temps.

- C'est une métaphore.

- Super Timothée !

- C'est toi Papé qui m'a appris ça un jour, parabole et métaphore. Pour parler d'une chose du Ciel de Dieu, celui qu'on ne voit pas, par une image, une réalité qu'on connaît et qu'on voit bien.

- C'est ça. Et ici les astronomes, c'est pour dire que ce qui s'est passé il y a plus de 2 000 ans, continue aujourd'hui encore. Que des gens viennent encore de nos jours au Sauveur, et peuvent se mettre ainsi par lui en connexion avec Dieu le Père et son éternité.

Riche ou pauvre, d'un pays ou d'un autre, d'une couleur ou d'une autre, on peut toujours venir tel qu'on est à Jésus. Lui rendre hommage et apprendre à le connaître jusqu'à ce qu'il naisse aussi par son Esprit dans notre cœur.

- Ce n'est donc pas du mensonge ce que tu m'as dit !?
- Que non fiston ! Un mensonge est fait pour tromper. C'est très mal.
- Je le sais bien ! Mais il n'est plus un bébé maintenant; Djézus !?

Papé : - Certainement pas ! Je te lirai comment il est maintenant : C'est écrit dans le premier chapitre du livre de l'Apocalypse, le dernier livre de la Bible.

- Il est au ciel maintenant. Sur le trône de Dieu.
- Tout à fait. Mais tu sais que ce Ciel-là n'est pas le nôtre. A la fois très loin de nous, et aussi tout près, à portée de notre foi. À portée de notre être intérieur, pourvu qu'on veuille qu'il nous purifie…
- Moi je demande à Jésus de purifier mon cœur quand… Quand j'y pense ; mais j'y pense pas toujours.
- Brave petit ! Tu sais bien d'ailleurs pourquoi Jésus est né dans une étable, au milieu des bestiaux et des mauvaises odeurs d'écurie ?

Timothée : - Berk ! Parce qu'il n'y avait plus de chambres à l'hôtel !

- Oui… Mais aussi pour nous dire, par les occupants naturels des étables, qu'il n'y a pas de cœur humain trop sale où il ne puisse venir pour y naître. Pour y apporter sa vie et sa lumière.
- Ça fait des grosses bouses les vaches !... Et les ânes c'est têtu, c'est très bête !
- Nous aussi quelquefois, tu sais ! Chez nous cela s'appelle la force du péché. Qui nous fait méchant, menteur, cruel même, petits ou gros voleur ; il y a tant d'injustices qu'on peut chacun commettre... Des mauvais sentiments qu'on laisse se développer et pourrir dans notre cœur jusqu'à sentir très mauvais par notre bouche, par nos paroles.

- Ça donne mauvaise haleine !

- Peut-être aussi.

- J'aime pas les gros mots ! La haine c'est mal aussi ! Moi à l'école j'ai un copain que je n'aime vraiment pas !

Papé - Ah, c'est parfois bien difficile d'aimer ! Et c'est bien pour cela qu'on a besoin de l'Esprit de Jésus. Tu veux m'en parler ?

- Non. Pas maintenant.

- D'accord. Mais il ne faudra pas tarder, car si nous restons divisés dans notre coeur avec les autres, Dieu non plus ne peut pas nous pardonner... Et cela est très dommage puisque Jésus a souffert **précisément** pour qu'on ne reste pas comme ça, chacun enfermé dans notre amertume, dans l'aigreur, le mépris, le non-pardon. Ou encore nourrissant des pensées de vengeance. Toutes choses qui nous limitent et causent des problèmes de relation.

    Mais quand il vient, Jésus, il peut faire d'une écurie un temple, un magnifique palais habité par l'Esprit de Dieu.

- C'est sympa.

- Oui Timothée, c'est le moins qu'on puisse dire !

- Et pourquoi on dit la crèche ?

Papé : - C'est l'autre nom de la mangeoire des animaux où Jésus a été couché après sa naissance. C'est aussi un symbole ; une image pour dire que Jésus est venu pour se donner à nous comme de la nourriture à manger. Pour nourrir **notre âme** de nouvelles connaissances, et de plus de vie venant directement du Ciel divin. Parce que nous n'avons pas à nous nourrir seulement d'aliments comme le pain, les légumes, la viande ou de bons desserts, mais aussi de paroles qui viennent de Dieu.

Timothée : - Tu veux dire des vitamines de Dieu !

- Oui quelque chose comme cela. Des protéines spirituelles.

- Et c'est quoi les nouvelles connaissances ?

Papé : - Ah ça c'est une bonne question ! Jésus a dit que Dieu aimait – et aime toujours – tellement notre monde, tous les êtres humains qui le forment, qu'il a livré Jésus pour que n'importe qui d'entre nous qui croit en lui et en sa mort pour nous, ne meurt pas pour toujours, mais qu'il reçoive de Dieu une part de sa vie, qui est éternelle.

- Pour vivre toujours, au Paradis !?

- Oui, et pour vivre mieux aussi déjà ici. Un médecin (Alexis Carrel) a dit « Le plus important, ce n'est pas d'ajouter des années à notre vie, mais c'est d'ajouter de la vie à nos années. »

Ici, nous vivons dans du temps qui passe, jour après jour, et tout s'use, se détériore, vieillit et meurt dans ce monde. Alors que l'éternité sera toujours, un présent perpétuel, où tout se maintient ou se renouvelle sans cesse. Et sans plus de place pour le mal.

Timothée : - Mais aujourd'hui ce n'est plus une nouvelle connaissance, ce que Jésus a dit !

- Pour beaucoup de monde c'est encore une connaissance nouvelle, parce qu'ils ne la connaissent pas. Bien des enfants comme toi ne savent rien de Jésus, et que Noël est normalement sa fête. Pour beaucoup cela reste une nouveauté encore à découvrir.

- C'est vieux mais c'est nouveau quand même, en même temps.

- Et surtout c'est éternel, puisque Jésus a dit que « Le ciel et la terre passeront, mais mes paroles ne passeront pas. » Il n'y a pas de vieillissement dans le beau message de l'Évangile et de Noël.

- Si on croit en lui on ne mourra pas, on sera éternel ?

- On mourra peut-être, physiquement, comme tu as vu ta grand-mère être morte ; mais sans souffrir de séparation et de laisser ce monde et ce corps. Un peu comme on laisse sa voiture sur un parking ou au garage. La mort est alors plus douloureuse pour ceux qui restent , et surtout pour ceux qui meurent sans être pardonnés.

- Ils vont en enfer !? Où il y a le diable Satan !

- Tu es bien curieux Fiston !

- Oui je veux savoir !

- C'est bien. L'âme de ceux qui meurent sans Christ descend dans ce que la Bible appelle « le séjour des morts », l'hadès, où Dieu n'est pas. La Bible dit que le diable n'est pas encore en enfer, ce qui arrivera bien plus loin dans le temps. Et c'est pour ça que le monde va si souvent très mal ; et que de plus on va vers des jours mauvais.

- Mais Mamie, elle est au cimetière comme les autres morts !

- Les corps oui, parce que leur vie organique n'est plus soutenue quand l'âme en sort. C'est de la matière qui redevient inerte. Vie et matière sont deux réalités différentes, comme matière et énergie en physique. Les âmes survivent aux corps. Toi, Timothée, tu es bien plus que ton corps ! Ton corps ne sait même pas qu'il est un corps. Alors que tu sais que tu existes ; tu en as la conscience, par ton âme, en ton âme. C'est cette dimension, psychique, qui te permet d'être toi, de dire « moi-je » ! Moi-je veux ça, moi j'aime le chocolat.

- C'est mon estomac qui aime le chocolat !

- Non justement ! C'est toi, c'est le ressenti de ton âme, de ta psyché. L'estomac se contente de décomposer ce qu'on lui donne à manger. Et s'il n'aime pas quelque chose, ce n'est pas du tout selon les mêmes critères que toi. Chacun a son intelligence des choses.

- Je n'savais pas. C'est bien fait.

- Que crois-tu !? Nous sommes de merveilleuses créations. Excepté le mal et ses conséquences, qui est venu se greffer sur nous.

- Et donc on va ressusciter nous aussi comme Jésus ?

- Exactement. Si tu crois en lui, tu deviens semblable à lui. Et un jour, Jésus ressuscitera les corps morts. Sais-tu que rien qu'avec une cellule d'un corps quelconque, végétal, animal ou humain, on a l'ADN qui contient l'identité de quoi ou de qui elle est issue ? Donc rien ne se perd ; en physique c'est une loi basique, fondamentale.

- J'imagine !

- Et plus encore, l'Esprit Divin peut transformer, transfigurer, ces corps mortels que nous avons, dans lesquels nous sommes, en des corps nouveaux, glorieux, lumineux, plein de vie et de possibilités nouvelles, pouvant s'exercer sans fin.

   Et nous avons à ce sujet une illustration magnifique avec la métamorphose phénoménale de la chenille en papillon.

- Alors après, on ne sera pas au Ciel seulement ? On m'a dit que Mamie est au Ciel, et c'est tout. Je comprends pas trop.

- La Bible enseigne que le Ciel de Dieu est bien plus que le ciel comme on croit quand on ne sait pas. C'est comme lorsque tu regardes notre ciel physique pendant la journée : Tu ne vois qu'un ciel atmosphérique, un peu comme une couverture plate, bleue ou grise. Mais la réalité est bien, bien plus grande

- Tout l'univers ! Le bleu, ça fait comme une couverture de Dieu !

- Oui, c'est une belle image ; car ce Ciel divin est lui aussi caché par une couverture, caché à notre conscience. Mais en soi, il est comme l'univers qui peut nous apparaître quand il fait clair la nuit. Bien plus que tout ce qu'on peut penser quand on entend parler de Ciel ou de Royaume des cieux. Car il y a et il y aura aussi une terre toute nouvelle pour nous dans ce Royaume divin, une terre que Dieu a prévu et va faire apparaître, à la suite de celle-ci ; où le mal n'existera pas. Un monde toujours éclairé, où il n'y aura même pas de nuit. Tout un univers entier, tout nouveau, nous est-il dit dans la Bible.

- Et si on veut dormir, on ne pourra plus ?

- Certainement qu'on pourra se reposer Timothée. Mais tu sais, si la Bible nous dit déjà beaucoup de choses, Dieu ne nous dit pas tout. Je pense qu'il nous réserve bien des surprises, inimaginables, plus encore que des parents très très riches et aimants ne pourront jamais faire comme cadeaux à leurs enfants.

- Cool ! Mais comment tu le sais ? Tu le devines, ou tu inventes ?

- Nous avons la liberté de broder, de mettre des couleurs, de faire des tableaux, de changer des formes, de donner des reliefs à nos existences et au monde… Mais attention à ne pas en modifier le support, le canevas, les infrastructures. Sinon nos actions, nos progrès, nos inventions perdent leur sens et tout devient absurde. Et donc l'important est d'abord de savoir lire, notre monde et ses lois ; écouter et discerner le vrai du faux, en s'éloignant le moins possible des données de ce livre, qui contient les paroles de la vie.

- La Bible ! C'est un peu compliqué mais je crois comprendre et je crois en Jésus, qu'il est vivant dans la dimension de Dieu.

Papé – C'est la meilleure manière de vivre Noël ! Et c'est ce qui rend le cœur du Père-émerveillé.

- Père émerveillé !? Comme père et mère veillaient dans l'histoire ? Ah, j'avais pas compris. Good !

Ainsi ce grand-père dans le coup (« in », au top, sur la vague), transmettait-il de la connaissance des origines, d'où nous venons, ce que nous sommes, et encore où nous allons. Bref , ce qui donne son sens à notre présence ici, et de la cohérence dans nos histoires.

- Alors Joyeux Noël Papé ! Maintenant je comprends !
- Noël heureux pour toi aussi Timothée !
- Avec Jésus ; même s'il reste encore invisible !...
- Yesss !! Au minimum présent dans nos pensées, et bien mieux vivant par son Esprit dans notre cœur.

Timothée s'étira comme un chat quand il change de position.
- Wouah, je suis hyper content ! Et dis-moi Papé, Je voudrais bien qu'on lise aussi l'histoire de la naissance de Jésus dans la Bible !?
- Ce sont surtout les évangélistes Matthieu et Luc qui nous ont rapporté l'essentiel des faits de cette naissance.

- C'est une très très vieille histoire en fait, qui se continue.

- Oui, deux mille ans c'est déjà beaucoup. Mais heureusement, de tous les plus vieux écrits dont dispose l'humanité, les textes bibliques sont ce dont nous avons les copies les plus anciennes, nombreuses et suffisamment bien conservées. Cela nous donne l'assurance que le Dieu vivant en qui nous croyons a su garder jusqu'à nous les Écritures qu'il a inspirées, malgré toutes les attaques dont elles ont été l'objet au cours de l'histoire.

Mais si tu le permets, on va s'accorder une bonne récré, avant de reprendre notre enquête.

⌘

Chapitre 2

NOËL CÉLÈBRE LA NAISSANCE DE JÉSUS

Comment la Bible nous l'annonce

⌘

- Alors Papé, je l'ouvre où ma bible pour la naissance de Jésus ?

- Tu vas dans la deuxième partie

- Nouveau Testament !

- Et là on va pouvoir lire les rapports qu'en ont surtout écrit deux des quatre évangélistes, Matthieu et Luc. Matthieu a été un des douze apôtres qui vécut plus de trois années avec Jésus ; et Luc était un médecin grec, qui n'a pas connu personnellement Jésus, mais qui est devenu un disciple peu après sa mort et sa résurrection.

Avec son esprit rationnel, mêlant sa raison et sa foi, il a mené une solide enquête pour apprendre l'essentiel sur la vie et la personne de Jésus qui commençait à être reconnu comme le Messie du peuple juif et le Christ des nations. Ce qui fait que de son travail, il nous est resté deux des vingt-sept livres du Nouveau Testament, l'évangile qui porte son nom, et le livre des Actes des Apôtres.

- On commence où Papé ?

- Par l'évangile de Matthieu – c'est le premier des quatre –, et on lit au premier chapitre, à partir du verset... 18.

« Voici de quelle manière arriva la naissance de Jésus-Christ. Marie, sa mère, ayant été fiancée à Joseph, se trouva enceinte, par la vertu du Saint-Esprit, avant qu'ils eussent habité ensemble. Joseph, son époux, qui était un homme de bien et qui ne voulait pas la diffamer, se proposa de rompre secrètement avec elle.

Comme il y pensait, voici, un ange du Seigneur lui apparut en songe, et dit : Joseph, fils de David, ne crains pas de prendre avec toi Marie, ta femme, car l'enfant qu'elle a conçu vient du Saint-Esprit; elle enfantera un fils, et tu lui donneras le nom de Jésus; c'est lui qui sauvera son peuple de ses péchés. Tout cela arriva afin que s'accomplît ce que le Seigneur avait annoncé par le prophète : Voici, la vierge sera enceinte, elle enfantera un fils, et on lui donnera le nom d'Emmanuel, ce qui signifie Dieu avec nous.
Joseph s'étant réveillé fit ce que l'ange du Seigneur lui avait ordonné, et il prit sa femme avec lui. Mais il ne la connut point jusqu'à ce qu'elle eût enfanté un fils, auquel il donna le nom de Jésus. »
Évangile (ou Bonne Nouvelle) selon Matthieu chap. 1, vers. 18,25

- Maintenant voyons comment Luc présente le contexte historique dans lequel survint la venue au monde de jésus. Lis donc dès le début du second chapitre.

« En ce temps-là parut un édit de César Auguste, ordonnant un recensement de toute la terre. Ce premier recensement eut lieu pendant que Quirinius était gouverneur de Syrie. 3 Tous allaient se faire inscrire, chacun dans sa ville. Joseph monta donc de la Galilée, de la ville de Nazareth, pour se rendre en Judée, dans la ville de David, appelée Bethléhem, parce qu'il était de la maison et de la famille de David, afin de se faire inscrire avec Marie, sa fiancée, qui était enceinte. Pendant qu'ils étaient là, le temps où Marie devait accoucher arriva, et elle enfanta son fils premier-né. Elle l'emmaillota, et le coucha dans une crèche, parce qu'il n'y avait pas de place pour eux dans l'hôtellerie.
Il y avait, dans cette même contrée, des bergers qui passaient dans les champs les veilles de la nuit pour garder leurs troupeaux. Et voici, un ange du Seigneur leur apparut, et la gloire du Seigneur resplendit autour d'eux. Ils furent saisis d'une grande frayeur. Mais l'ange leur dit : Ne craignez point; car je vous annonce une bonne nouvelle, qui sera pour tout le peuple le sujet d'une grande joie : c'est qu'aujourd'hui, dans la ville de David, il vous est né un Sauveur, qui est le Christ, le Seigneur. Et voici à quel signe vous le reconnaîtrez : vous trouverez

un enfant emmailloté et couché dans une crèche. Et soudain il se joignit à l'ange une multitude de l'armée céleste, louant Dieu et disant : Gloire à Dieu dans les lieux très hauts, Et paix sur la terre parmi les hommes qu'il agrée !
Lorsque les anges les eurent quittés pour retourner au ciel, les bergers se dirent les uns aux autres : Allons jusqu'à Bethléhem, et voyons ce qui est arrivé, ce que le Seigneur nous a fait connaître. Ils y allèrent en hâte, et ils trouvèrent Marie et Joseph, et le petit enfant couché dans la crèche. Après l'avoir vu, ils racontèrent ce qui leur avait été dit au sujet de ce petit enfant. Tous ceux qui les entendirent furent dans l'étonnement de ce que leur disaient les bergers. Marie gardait toutes ces choses, et les repassait dans son coeur. Et les bergers s'en retournèrent, glorifiant et louant Dieu pour tout ce qu'ils avaient entendu et vu, et qui était conforme à ce qui leur avait été annoncé. »
Évangile selon Luc chap. 2, vers. 1,20

- Et voilà comment apparurent les fameux rois-mages, ces astronomes des temps anciens. En Matthieu, chapitre deux.

« Jésus étant né à Bethléhem en Judée, au temps du roi Hérode, voici des mages d'Orient arrivèrent à Jérusalem, et dirent : Où est le roi des Juifs qui vient de naître ? car nous avons vu son étoile en Orient, et nous sommes venus pour l'adorer. Le roi Hérode, ayant appris cela, fut troublé, et tout Jérusalem avec lui. Il assembla tous les principaux sacrificateurs et les scribes du peuple, et il s'informa auprès d'eux où devait naître le Christ. Ils lui dirent : A Bethléhem en Judée; car voici ce qui a été écrit par le prophète : Et toi, Bethléhem, terre de Juda, Tu n'es certes pas la moindre entre les principales villes de Juda, Car de toi sortira un chef Qui paîtra Israël, mon peuple. Alors Hérode fit appeler en secret les mages, et s'enquit soigneuse-ment auprès d'eux depuis combien de temps l'étoile brillait. Puis il les envoya à Bethléhem, en disant : Allez, et prenez des informations exactes sur le petit enfant; quand vous l'aurez trouvé, faites-le-moi savoir, afin que j'aille aussi moi-même l'adorer.
Après avoir entendu le roi, ils partirent. Et voici, l'étoile qu'ils avaient vue en Orient marchait devant eux jusqu'à ce qu'étant arrivée au-dessus du lieu où était le petit enfant, elle s'arrêta. Quand ils aperçurent l'étoile, ils furent saisis d'une très grande joie. Ils entrèrent

dans la maison, virent le petit enfant avec Marie, sa mère, se prosternèrent et l'adorèrent; ils ouvrirent ensuite leurs trésors, et lui offrirent en présent de l'or, de l'encens et de la myrrhe. Puis, divinement avertis en songe de ne pas retourner vers Hérode, ils regagnèrent leur pays par un autre chemin.
Lorsqu'ils furent partis, voici, un ange du Seigneur apparut en songe à Joseph, et dit : Lève-toi, prends le petit enfant et sa mère, fuis en Egypte, et restes-y jusqu'à ce que je te parle; car Hérode cherchera le petit enfant pour le faire périr. Joseph se leva, prit de nuit le petit enfant et sa mère, et se retira en Egypte. Il y resta jusqu'à la mort d'Hérode, afin que s'accomplît ce que le Seigneur avait annoncé par le prophète : J'ai appelé mon fils hors d'Egypte. » *Matthieu 2. 1,15*

Timothée - C'est tout ? Finalement je trouve que c'est bien écrit dans la Bible. C'est pas plus compliqué que l'histoire que tu m'as racontée parce que tu avais peur que je n'accroche pas !

- Tu as raison. C'est finalement aussi simple que profond.

Il y a pourtant beaucoup de personnes qui essaient de lire la Bible, et qui disent qu'ils n'y comprennent rien.

Matthieu termine ici en disant que la naissance de Jésus « avait été annoncé par le prophète : J'ai appelé mon fils hors d'Egypte. » Ce qui veut dire que cette naissance n'est pas arrivée par hasard, comme un cheveu sur la soupe. Elle avait été programmé du haut du ciel.

- Et donc, on va le lire ? Cool ! Et puis pour ceux qui ne comprennent pas ce qu'ils lisent, ils ont qu'à prier !

- C'est un peu abrupt, mais tu as raison ! Le Seigneur nous aide aussi quand on lui demande. Il nous faut toujours être simple et authentique avec lui... Comme de la même façon, nous pouvons aussi nous-même prier pour eux, et Dieu les aidera.

⌘

Chapitre 3

PROPHÉTIES ANNONCIATRICES

⌘

Timothée - Une prophétie c'est une parole qui annonce un événement longtemps avant qu'il arrive. Et ceux qui en font, on les appelle des prophètes. C'est Dieu qui leur dit ce qu'ils ont à dire.
  Et comment il sait les choses d'avance Dieu ?

- Il n'est pas soumis comme nous au déroulement du temps. Son éternité est un présent permanent comme on a déjà dit, d'où j'ai cru comprendre qu'il regarde comme il le décide soit notre passé, soit notre présent ou notre futur. C'est pourquoi on dit qu'il est omniscient, qu'il sait tout ce qu'il veut savoir.

- Et pourquoi nous on n'peut pas ?

- Tu en as des questions ! Mais c'est une bonne chose chez un enfant d'être curieux.

- Je crois que je t'ai un peu coincé là, hein, avoue Papé !?

- Tu as raison qu'on ne saura jamais tout. Mais nous sommes invités à chercher, à farfouiller, à sonder les choses, les temps, les écrits, notre propre coeur aussi.
  Et donc tu vois, pour répondre quand même à ta question, je pense que ce qui fait la différence entre l'éternel présent du Seigneur, et notre façon chronologique de vivre, vient de ce qu'il est lui-même lumière, une lumière incessante, alors qu'ici nous ne connaissons de la lumière qu'une vitesse donnée, limitée, comme image que notre

connaissance, notre lumière des réalités, sera toujours elle aussi limitée.

- 300 000 kilomètres/seconde c'est déjà très vite ! Pour nous c'est impossible à dépasser. Vitesse limitée, attention aux radars ! Papé, tu me parles des prophéties de la naissance de Jésus-Christ ?

- Voilà. Par elles, nous avons une assurance que Jésus n'est pas né par hasard. Quelque 700 ans avant que cela n'arrive, le prophète Ésaïe a écrit : « Le Seigneur lui-même vous donnera un signe, Voici, la jeune fille deviendra enceinte, elle enfantera un fils, Et elle lui donnera le nom d'Emmanuel. » *Ésaïe, ch. 7, vers. 14.*

- Mais, il ne s'appelle pas Emmanuel Jésus ! Jésus, c'est Jésus. Ahhh, qu'est-ce que tu réponds à çà Papé ?

- Je vois bien que tu veux essayer de me recaler ! Voyons...
Dieu met souvent deux réalités ensemble pour une fonction, comme nos deux jambes, nos deux bras, deux yeux... Et donc, quand un temps crucial est arrivé pour secourir tout le genre humain, il allait le faire par deux moyens : Par Jésus, en tant que Parole de Dieu qui s'incarne et nous rend Dieu plus réel, plus accessible, afin qu'on vienne à lui par la foi, comme à une personne.
Et avec Jésus était l'Esprit Divin, qui lui donnait des instructions et attestait ses paroles dans les coeurs et par des actes de puissance. Unis, se trouvaient donc agissant Jésus – dont le nom dans sa langue signifie « Dieu sauveur » ou « Dieu sauve », et l'Esprit Divin, formant ensemble l'Emmanuel, ce qui signifie « Dieu parmi nous ».

- Jésus et l'Esprit sont deux personnes différentes, résuma l'enfant ; et avec le Père céleste, c'est un trois en un !

- Yes ! L'unité Divine est telle, qu'il est un seul et unique Dieu, et qu'il peut ainsi se donner alternativement un titre qui en définit un autre. Par exemple, Jésus est aussi appelé « Père éternel » par Ésaïe.

Et puis, car Dieu agit aussi souvent en deux temps deux mouvements, après la résurrection et le départ de Jésus pour le Ciel divin, il a envoyé comme signe de la réussite de sa mission l'Esprit Divin sur toute la terre habitée, pour diverses fonctions en notre faveur, et surtout pour partager sa vie éternelle avec qui croit en Dieu et en Jésus dont la mort a été le moyen pour sauver notre âme de la mort qui est séparation éternelle d'avec Dieu.

- Et puis Jésus va aussi revenir !?

- Tout à fait ! Et la Bible nous dévoile tout cela.

- Il sera « Roi des rois » et de tous les présidents des pays.

- Et il ôtera totalement à Satan tous les pouvoirs maléfiques qu'il exerce encore sur le genre humain par toute la planète.

- Bien fait pour ce méchant démon. Au moins on sera plus tranquille ! Bon, et il y a d'autres prophéties sur la naissance ?

- Elle a été saluée quelques mois avant par le sacrificateur Zacharie qui, à la naissance surnaturelle de son propre fils – Jean devenu ensuite le prophète Jean le Baptiste –, prophétisa sur ce temps qui était venu où un Sauveur allait paraître...

- Et il a dit quoi monsieur Zacharie ?

- « Béni soit le Seigneur, le Dieu d'Israël, de ce qu'il a visité et racheté son peuple, et nous a suscité un puissant Sauveur dans la maison de David, son serviteur, comme il l'avait annoncé par la bouche de ses saints prophètes des temps anciens, - un Sauveur qui nous délivre… » *(Luc chap. 1, vers. 67,71a.)*
« C'est la raison pour laquelle on donna à l'enfant le nom de Jésus ; c'est lui qui sauvera son peuple de ses péchés » *Matthieu chap. 1, vers. 21.*

Et puis, d'Ésaïe (dont je t'ai parlé), au chapitre 9 de son livre, on a cette parole magnifique qui précise, quelque sept siècles à l'avance, que le Sauveur – les juifs disent le Mashiah, le Messie – se présentera comme une personne humaine, ayant les attributs divins : « Car un enfant nous est né, un fils nous est donné, et la domination reposera sur son épaule ; on l'appellera Admirable, Conseiller, Dieu puissant,

Père éternel, Prince de la paix. » Ésaïe, chap. 9, vers. 5.

C'est ainsi que pendant les trois années et demie de son ministère passé – on devrait dire son magistère –, Jésus a largement démontré qu'il avait les qualités et capacités surnaturelles relatives à ces différents titres.

- Chouette ! Et c'est tout ?

- Et non ! Il y a plus de cent prophéties qui se sont accomplies à travers la personne et les œuvres du Christ Jésus. Et concernant sa venue au monde, nous avons encore celle-ci, aussi précise qu'improbable, du prophète Michée, apportée elle aussi depuis des siècles, qui indique où Jésus allait naitre : « Et toi, Bethléhem Éphrata, petite entre les milliers de Juda, de toi sortira pour moi celui qui dominera sur Israël, et dont l'origine remonte aux temps anciens, aux jours de l'éternité. C'est pourquoi il les livrera jusqu'au temps où enfantera celle qui doit enfanter, et le reste de ses frères reviendra auprès des enfants d'Israël. Il se présentera, et il gouvernera avec la force de l'Éternel, avec la majesté du nom de l'Éternel, son Dieu : et ils auront une demeure assurée, car il sera glorifié jusqu'aux extrémités de la terre. C'est lui qui ramèneras le paix » *Michée, chap. 5, vers. 2,4.*

- Il parle aussi de Jésus quand il reviendra !?

- Bien vu ! Souviens-toi de ce principe : l'Éternel-Dieu fait souvent les choses en deux temps deux mouvements.

- Jésus, il était aussi un descendant du grand roi David qui avait tué le géant Goliath juste avec un lance-pierre !?

- Exact, mais entends… on t'appelle je crois pour la deuxième fois. Va vite, on en reparlera une autre fois.

⌘

Chapitre 4

POURQUOI JÉSUS EST-IL NÉ ?

⌘

Jean le Baptiste dit de Jésus : « Voici l'Agneau de Dieu qui enlève le péché du monde. » *Évangile selon Jean, ch. 1, vers. 29*

« Alors Jésus leur dit: Ce ne sont pas ceux qui se portent bien qui ont besoin de médecin, mais les malades. Je ne suis pas venu appeler des justes, mais des pécheurs. » *Marc chap. 2, vers.17*

« Jésus parcourait toute la Galilée, enseignant dans les synagogues, prêchant la bonne nouvelle du royaume, et guérissant toute maladie et toute infirmité parmi le peuple. » *Matthieu chap. 4, vers. 23*

« Car Dieu a tant aimé le monde qu'il a donné son Fils unique, afin que quiconque croit en lui ne périsse point, mais qu'il ait la vie éternelle. Dieu, en effet, n'a pas envoyé son Fils dans le monde pour qu'il juge le monde, mais pour que le monde soit sauvé par lui. Celui qui croit en lui n'est point jugé; mais celui qui ne croit pas est déjà jugé, parce qu'il n'a pas cru au nom du Fils unique de Dieu. Et ce jugement c'est que, la lumière étant venue dans le monde, les hommes ont préféré les ténèbres à la lumière, parce que leurs oeuvres étaient mauvaises. Car quiconque fait le mal hait (déteste) la lumière, et ne vient point à la lumière, de peur que ses oeuvres ne soient dévoilées; mais celui qui agit selon la vérité vient à la lumière, afin que ses oeuvres soient manifestées, parce qu'elles sont faites en (accord avec) Dieu. » *Jean chap. 3, vers. 16,21*

Note bien que c'est l'amour de Dieu qui le motive pour venir sur la terre. Mais pas seulement pour faire le beau en montrant qu'il est capable de guérir, de rendre la vue à des aveugles ou encore de ressusciter des morts. Non, il est surtout venu, même si cela heurte notre sensibilité et logique toute terre à terre, pour **donner sa vie en sacrifice** à cause de nos péchés – qui nous séparent de Dieu –, et pour que notre vie ne s'arrête pas à notre mort physique. Il s'est laissé arrêter et tuer par diverses forces du mal pour les vaincre toutes. Les vaincre en notre faveur, aussi par toutes les injustices opérées contre lui. Le Prophète Ésaïe en a merveilleusement reçu la révélation en son temps, disant ainsi le véritable pourquoi de la crucifixion :

« Voici, mon serviteur prospérera; Il montera, il s'élèvera, il s'élèvera bien haut. 14 De même qu'il a été pour plusieurs un sujet d'effroi,-Tant son visage était défiguré, Tant son aspect différait de celui des fils de l'homme,- 15 De même il sera pour beaucoup de peuples un sujet de joie; Devant lui des rois fermeront la bouche; Car ils verront ce qui ne leur avait point été raconté, Ils apprendront ce qu'ils n'avaient point entendu.

1 Qui a cru à ce qui nous était annoncé ? Qui a reconnu le bras de l'Eternel ? 2 Il s'est élevé devant lui comme une faible plante, Comme un rejeton qui sort d'une terre desséchée; Il n'avait ni beauté, ni éclat pour attirer nos regards, Et son aspect n'avait rien pour nous plaire. 3 Méprisé et abandonné des hommes, Homme de douleur et habitué à la souffrance, Semblable à celui dont on détourne le visage, Nous l'avons dédaigné, nous n'avons fait de lui aucun cas.

4 Cependant, ce sont nos souffrances qu'il a portées, C'est de nos douleurs qu'il s'est chargé; Et nous l'avons considéré comme puni, Frappé de Dieu, et humilié. 5 Mais il était blessé pour nos péchés, Brisé pour nos iniquités; Le châtiment qui nous donne la paix est tombé sur lui, Et c'est par ses meurtrissures que nous sommes guéris.

6 Nous étions tous errants comme des brebis, Chacun suivait sa propre voie; Et l'Eternel a fait retomber sur lui l'iniquité de nous tous. 7 Il a été maltraité et opprimé, Et il n'a point ouvert la bouche, Semblable à un agneau qu'on mène à la boucherie, A une brebis muette devant ceux qui la tondent; Il n'a point ouvert la bouche. 8 Il a été enlevé par l'angoisse et le châtiment; Et parmi ceux de sa génération, qui a cru Qu'il était retranché de la terre des vivants Et frappé pour les péchés de mon peuple ? 9 On a mis son sépulcre parmi les méchants, Son tombeau avec le riche, Quoiqu'il n'eût point commis de violence Et qu'il n'y eût point de fraude dans sa bouche.

10 Il a plu à l'Eternel de le briser par la souffrance... Après avoir livré sa vie en sacrifice pour le péché, Il verra une postérité et prolongera ses jours; Et l'oeuvre de l'Eternel prospérera entre ses mains. 11 A cause du travail de son âme, il rassasiera ses regards; Par sa connaissance mon serviteur juste justifiera beaucoup d'hommes, Et il se chargera de leurs iniquités.
12 C'est pourquoi je lui donnerai sa part avec les grands; Il partagera le butin avec les puissants, Parce qu'il s'est livré lui-même à la mort, Et qu'il a été mis au nombre des malfaiteurs, Parce qu'il a porté les péchés de beaucoup d'hommes, Et qu'il a intercédé pour les coupables. » *Chap. 52.13 à 53.12*

« Car Dieu était en Christ, réconciliant le monde avec lui-même, en n'imputant point aux hommes leurs offenses… Celui qui n'a point connu le péché, il l'a fait devenir péché pour nous, afin que nous devenions en lui justice de Dieu. » *2e lettre aux Corinthiens, chap. 5, vers.19 et 21*

C'est pourquoi « Cherchez premièrement le royaume de Dieu **et** sa justice, et toutes les choses qui vous sont nécessaires vous seront données par-dessus. 34 Ne vous inquiétez donc pas du lendemain; car le lendemain aura soin de lui-même. A chaque jour suffit sa peine. » *Matthieu, chap. 6, vers. 19,34*

« Maintenant donc ces trois choses subsistent : la foi, l'espérance, l'amour; mais la plus grande de ces choses, c'est l'amour. » *1ère lettre aux Corinthiens, ch. 13, vers. 13*

Soudain satisfait, le vieil homme se recula de l'écran sur lequel il venait de regrouper ces références.

- Il ne me reste plus qu'à imprimer… Je pense que Timothée sera content de mon travail. Ah, je vais mettre sa question en titre de mon document : « Pourquoi Jésus est-il né ? ». Et puis il faudra qu'on parle de la vraie date de sa naissance…

⌘

un espace dessin

Chapitre 5

LA VRAIE DATE DE NAISSANCE DE JÉSUS !?

⌘

Denys le Petit fut au Ve siècle un chrétien érudit qui calcula, à partir des quelques données des évangiles et de l'histoire, l'*anno domini* ou année du Seigneur, qui sert aujourd'hui encore à dater les années depuis la naissance, rendue conventionnelle par son calcul, de Jésus-Christ. Depuis, des recherches ont permis de mieux situer cette naissance. On dit généralement quatre à cinq ans avant le résultat du compte qui fait toujours notre calendrier.

Or, un ami astronome amateur avait trouvé sur le site de la NASA – encore elle !? – une carte animée du ciel qui lui avait permis de reconstituer la position des astres et planètes pendant la période présumée de la naissance du « Roi des juifs ».

Par cette vidéo interactive, il s'est aperçu que la fameuse « étoile » qui conduisit les mages d'Orient jusqu'à Jérusalem puis Bethléem, était plus exactement formée par une conjonction de deux planètes, Saturne et Jupiter, apparaissant dans notre plan de vision, sous un certain éclairage solaire, si brillante qu'on pouvait la voir comme une nouvelle étoile qui soudain serait née.

Ainsi, ces astronomes se mirent-ils en route vers le pays de Canaan pendant et suivant sur la terre le mouvement bien visible (pour l'oeil exercé !) de ce jumelage visuel des deux planètes. Ce qui les amena au terme d'un très long trajet en caravane jusqu'à Jérusalem où ils s'informèrent pour ajuster leur propre course, et de là plus précisément dans une bourgade de Judée, Bethléhem.

La Bible nous dit que là, quand ils furent au lieu où était le petit enfant, l'étoile s'arrêta. Est-ce possible ? Certainement pas ! L'évangéliste aurait-il donc fabulé pour donner à son récit un caractère plus merveilleux encore, pour y ajouter de la magie – dont sont friands les auditeurs de contes orientaux ? Y avait-il là une invraisemblance notoire alors que la Bible se présente comme un véhicule inaltérable des grandes vérités ? Ou était-ce seulement un mystère cosmologique à élucider !? Certes rien n'est impossible à Dieu qui a tout créé et mis en mouvement, et peut arrêter quelque révolution, mais il se sert aussi de manière toute naturelle des lois de l'univers pour agir. Qu'en fut-il alors ?

En l'occurrence, s'agissant de la conjonction de Saturne et Jupiter, cet ami astronome a observé par l'animation vidéo que la trajectoire de cette « étoile » présenta d'abord une phase radiale (une vitesse de déplacement relative, une trajectoire apparente) par rapport aux mages, ce qui les mit en route et les guida vers le moyen-orient.

Puis l'étoile « s'arrête » quand, dans sa révolution, elle se présente face à la terre comme de nuit une voiture arrive phares allumés pile dans votre direction. Il n'y a aucun mouvement vers la droite ou la gauche, ce qui peut nettement donner l'impression que la voiture est arrêtée. Et ainsi « l'étoile » « s'arrêta » quand les mages furent arrivés.

On était alors entre le 10 et le 15 novembre – 6.

Mais nous ne sommes pas encore là à la date de naissance du Sauveur ! Car la Bible précise que ces mages rejoignirent non le lieu de naissance, mais "l'habitation" de Joseph et Marie – en grec *oikia*, "la maison" –, et non l'écurie de l'auberge (en grec *kataluma*) où se trouvait la mangeoire dans laquelle Jésus avait été placé à sa naissance. On est donc peut-être là des semaines ou plusieurs mois après la naissance ! Ce qui fait dire cela, c'est que le roi Hérode « s'informa soigneusement auprès d'eux du moment où l'étoile était apparue ». Et quand il ne vit pas revenir à lui les mages, il fit massacrer les enfants de la contrée ayant jusqu'à deux ans.

Ainsi peut-on reconstituer que les mages ont marché pendant le temps de la gestation, pour arriver dans un temps où le couple (la famille) était déjà passé(e) de l'étable de l'auberge à une maison qu'il avait louée, sans doute pour deux raisons : En attendant le jour de la circoncision, qui eut lieu au temple de Jérusalem, tout proche de là, le 8e jour après la naissance ; et on comprend par ailleurs que Marie avait été très éprouvée par le trajet de Nazareth à Bethléem, par la grossesse et encore l'accouchement.

Les mages arrivent donc fin – 6 de notre ère. En retard pour rendre hommage au Roi d'Israël ? Pas du tout, puisqu'ils se sont coordonnés avec le mouvement céleste combiné de Saturne et Jupiter. Et même leur étape à Jérusalem pour mieux s'informer a fait que l'arrêt apparent de l'étoile leur a indiqué tout particulièrement où se trouvait le but de leur long voyage.

Ainsi ni les Ecritures, qui savent être très précises quand il le faut, ni l'histoire, ne permettent de connaître la date de la naissance. Et donc quand notre astronome chercha à affiner sa recherche pour connaître plus justement ce jour, il me dit que l'Esprit ne lui permit pas.

Timothée - Peut-être parce que la naissance de Jésus c'est moins important que sa venue !

- Tiens, pas bête cette idée ! Parce que la notion de **sa venue doit nous** interpeller davantage, sur **pourquoi** et **pour quoi** il est venu !

- La preuve, à Noël on ne pense même plus à Jésus !

- Et comment trouves-tu cette façon dont Dieu peut faire se coordonner les mouvements du ciel et ceux de la terre, se servant des réalités astronomiques, et même des illusions d'optique, pour créer une telle singularité, dans une synchronicité époustouflante, pour produire une réalité aussi significative ?

- C'est génial ! Forcément, il est Dieu ! On devrait s'étonner de rien !

- Oui, tu as raison – De rien, ou de tout !?

- Pourquoi de tout ?

- Parce que même les plus petites choses manifestent la grandeur de Dieu, sa science. Une fleur, avec toute sa relaton à l'environnement

- Avec les abeilles !

- Oui, et plein d'autres insectes. Les feuilles qui captent le gaz carbonique que nous rejetons.

- Elles font la photosynthèse.

- Tout ! Tout est étonnant si on sait y regarder avec un œil ouvert.

« O Éternel, que tes oeuvres sont grandes et en grand nombre! Tu les as toutes faites avec sagesse; la terre est pleine de tes richesses. »
Psaume 104, vers. 24

« Les cieux racontent la gloire de Dieu, Et l'étendue manifeste l'œuvre de ses mains. Le jour en instruit un autre jour, la nuit en donne connaissance à une autre nuit. Ce n'est pas un langage, ce ne sont pas des paroles dont le son ne soit point entendu : Leur retentissement parcourt toute la terre, leurs accents vont aux extrémités du monde, où il a dressé une tente pour le soleil. »
Psaume 19, vers. 2,5

⌘

Chapitre 6

ET POURQUOI NOËL LE 25 DÉCEMBRE ?

⌘

La question n'a guère d'importance en réalité ; si ce n'est pour voir en quoi cette fête s'est modifiée, successivement adaptée par trois systèmes de gouvernement et de société dfférents.

Dans la religion romaine antique, les planètes sont des figures de dieux, et Saturne est vu le plus souvent comme un Dieu en sommeil. Mais quand il se réveille, il devient un impulseur du Bien, des biens, d'où son rôle présumé de civilisateur et de fondateur. Son règne est alors un âge d'or. Ses paisibles sujets sont gouvernés avec douceur et équité. On retrouve donc, sous forme mythologique, ce que la Bible rapporte qu'a été la terre avant la chute de l'homme, avec un temps paradisiaque, qui a bien malheureusement pris fin. Mais les Romains d'alors fêtent encore annuel-lement cette période pour que cela ne soit pas oublié.

- C'est comme le devoir de mémoire, interrompt Timothée !

- Important le devoir de mémoire... Pourvu cependant qu'on ait et qu'on ne perde pas le sens, la juste compréhension des origines ; qu'on connaisse les raisons premières, qui ont fait que tel ou tel événement dont on se souvient, s'est produit... En ce temps-là, on appelle cette fête *les Saturnales*, et elles ont lieu du 17 au 23 décembre, la semaine avant le solstice d'hiver (où l'on atteint le jour le plus court de l'année).

C'est une fête à la fois sombre, crépusculaire (comme s'acheva cet âge de délices), mais aussi d'espérance, car on sait que le réveil suit la nuit. Comme le 24 décembre au soir les jours vont recommencer à grandir. Et donc le 25 est le retour « du Soleil invaincu », qui ouvre des journées pleines de grandes réjouissances populaires, de cadeaux qu'on se fait, de repas qu'on partage dans la paix, notamment en zappant toute une journée durant la distinction entre maître et esclave.

C'est de la sorte que quelques siècles après la venue de Jésus – qui est « la lumière du monde » venant bousculer les effets néfastes de la première chute humaine –, l'idée est apparue à quelqu'un de faire coïncider la nuit du 24 au 25 décembre d'une fête païenne, avec la naissance de Jésus venu donner plus d'éclairage à chacun et à l'humanité enlisée dans le mal et tant de souffrances. Ce qui signait aussi la fin des saturnales dont le sens avait été aussi comme prophétique du retour de Dieu en tant qu'impulseur de biens, civilisateur et fondateur d'un ordre nouveau. Ce que Jésus, bien plus que Saturne, a montré être. Avec lui, il y a un changement de paradigme comme on dit aujour-d'hui, un passage de l'impossible (où le mal gagne toujours) à un nouveau possible (où le bien peut triompher même de la mort).

Mais les siècles passent, et les populations christianisées (mais plus forcément chrétiennes) s'enrichissent et s'intellectuali-sent. En résultent des théories et des techniques économiques et de commerces toujours plus mercantiles, recherchant prioritairement des profits personnels. On change des règles basiques, éprouvées, du jeu éco-sociétal. Et dans ce flux de la pensée qui se dégrade en se réduisant au plan des matérialités, Noël, fête chrétienne, subit et devient une foire débridée de la vente et de la consommation.

C'est là le troisième volet de la réjouissance antique, où l'idolâtrie, les faux dieux (du matérialisme) et désormais l'athéisme se redon-nent des droits païens, surtout depuis quelques décennies, offrant un spectacle à la fois somptueux et terriblement désolant.

La primauté, "la vedette", est volée au Fils de Dieu incarné, jusqu'à l'invention de cette mascotte commerciale qu'est « le Père Noël ».

N'est-ce pas une chimère, un mensonge vivant qu'on impose aux enfants, dans ce temps de vulnérabilité où ils ne peuvent que faire confiance aux adultes pour distinguer entre vrai et faux, bien et mal ?

- C'est une usurpation d'identité, s'offusqua Timothée ! Heureusement, moi on m'a jamais fait croire au Père Noël.

⌘

espace dessin

Chapitre 7

POÈMES

⌘

1 - NOËL, CE DON DE L'AMOUR

« Dieu est amour » affirme la Bible ;
Mais qu'en connaissons-nous de sensible,
De lisible, d'utile, de compréhensible
Si nous restons sans croire au Dieu de l'impossible ?
Ouvrons ce saint livre inspiré du Ciel
Qui nous aide à vivre, à changer le fiel
Qui fait nos tourments en rayons de miel
Dans notre intérieur, et le matériel.

Jésus est ce don d'un amour parfait
Descendu un jour en l'humanité
Par un corps de femme venu s'incarner
Pour changer le fil de nos destinées.
Plus que la nature nous parlant de lui
Par des paysages soleil neige ou pluie,
Par l'éclat du jour les lumières la nuit,
Jésus est l'amour contre ce qui nuit.

Lisons son histoire, car c'est de l'histoire,
Et bien plus encore c'est une victoire
Mise à notre porte face à nos déboires,
Nos méchants travers, vaines trajectoires,
Face à ce qu'on est de bien dérisoire,
Face à la mort même, à nos désespoirs…
Aussi de nous-même le plus clair miroir,
Notre renouveau commençant par **_croire._**

Le don de l'amour de Dieu rédempteur
Livré face au mal, percé jusqu'au cœur,
Tel un grand trou noir, un aspirateur,
Qui attire à lui nos peurs, nos malheurs,
Tout ce qu'on lui donne qui fait nos misères,
Libérant tous ceux qui voient ce calvaire
Dressé et subi par la volonté du Père
Qui par là unis les hommes en vrais frères.

Car Dieu se trouvait lui-même en Jésus
Mourant en martyr pour tous les perdus,
Prenant sur sa vie pour notre salut
Ce qui fait sans cesse qu'on est des vaincus.
Alors crois en lui, ce don de l'amour,
Ce fils attaché à nous voir un jour
Bienheureux éternels sans plus de retour
Avec le céleste Saint-Père dans son grand amour.

⌘

2 – NOËL, UNE HISTOIRE DE FAMILLE... BIEN MAL RECOMPOSÉE !

Que faut-il penser de ce Père Noël
Qu'on s'est mis à faire descendre du ciel
Aux yeux ébahis des petits, aux cœurs vulnérables des enfants ?
Un « péché-mignon » ? Une affaire sans effet, sans relent ?
Ou un abus, une vile tromperie, un manque de respect à l'innocence,
Un mensonge qui fait une brèche dans l'âme et la confiance
Qu'on saborde déjà au lieu sur des vérités, de l'établir.

Après on s'étonne que grandissant le jeune fasse souffrir
A son tour par des fourberies, des vols, des viols de conscience,
Avec des histoires minables, qui mêlent imaginaire et sciences
Jusqu'à consommer des plus nobles vérités la trahison
Croyant et perpétuant la doctrine simpliste de l'évolution,
« Un conte de fées pour adulte » disait Jérôme Lejeune !
Deux inventions, avec le Père Noël pour les jeunes,
Pour tenir la place de la vérité dans les maisons,
Semant des graines de chaos, de consternation ou de contestation.

Le Père Noël, c'est le veau d'or
Que les israélites après s'être retrouvés libres et heureux
Ayant été arrachés à la domination égyptienne et à leurs dieux,
Se donnèrent pour dieu un veau. Ils se forgèrent avec leur or
Une image pour se figurer le Dieu qui venait de les libérer,
Se prostituant à l'adorer, souillant leurs enfants par ce méfait,
Par cette érection d'une idole, source d'illusion et de confusion
Par le mensonge qu'est une telle représentation,
Qui prive le Dieu vivant et vrai de la joie d'être lui-même en Esprit
Au milieu de ses enfants délivrés, pour les bénir et le jour et la nuit.*

Certes le veau d'or qu'on engraisse engraisse ses promoteurs ;
Mais n'y aurait-il pas mieux à trouver pour être tous bénis,
Sans un tel emploi de subterfuge, gardant pour le vrai Père
Et pour son Fils, les vrais porteurs de la lumière
Qui éclaire et réjouit les coeurs, nos hommages,
Comme firent les astronomes rois-mages ?

Non, on ne va pas dire « *Le Père Noël est une ordure* »**
Mais l'odeur est dans l'air, odeur de friture froide de la culture,
Et pour une décomposition qui tienne du compost et non du pourri,
C'est à chacun dans son jardin familier (et familial) à joindre la vérité
                                                                                       à la vie.

* Ancien Testament, Livre de l'Exode, chap. 32

** Pièce de théâtre (Troupe du Splendid 1979), reprise en film par Jean-Marie Poiré 1982

⌘

3 - NOËL, NOËL

Que ce soit en décembre ou que ce soit en mai
Que ce soit an – 5 ou en quelque autre année
Un beau jour Jésus est né !

Alléluia ! chantent les c(h)œurs visités,
Paix sur terre aux hommes de bonne volonté,
Ère chaque jour nouvelle pour qui veut abandonner
Son mauvais caractère et ses vilaines pensées
À la grâce de Dieu et à la force de l'humilité.

Fête étrange dont le Roi est le plus souvent absent,
Invité oublié que remplacent les présents
Les ivresses, les accords et désaccords mixés, frelatés d'un instant.
Cependant près du Père qui n'a rien de Noël,
Jésus règne en Seigneur sur les vies éternelles,
Le bébé de la crèche qui a rejoint le ciel
Reviendra puissamment s'occuper des rebelles.

Que Noël par ces mots à la gloire du vrai Dieu
Te donne du recul et de lever les yeux,
Pour voir combien loin sont les cieux
De tout être incrédule et perdu
Qui ne cherche pas mieux à connaître Jésus,
Le chemin de la vie, sa voix et celle de l'éternel salut.

⌘

4 - DE LA HONTE À LA VRAIE DIMENSION DE JÉSUS

A-t-on vu une fois un adulte vivant, juste physiquement absent,
Dont on fête l'anniversaire sans penser à lui ou par une image
Qui le montre bébé tout petit, charmant certes et innocent,
Mais sans rapport aucun avec ce qu'il est dans son âge ?

Étonnante, une telle dissimulation ! "On nous cache quelque chose !"
Souvent on fête des jours anniversaire, mais jamais de cette sorte !
Est-ce qu'impuissant à le connaître en temps réel on ose
Cette étrange façon, qui fige la vie comme étant morte ?

Pire, est-ce plus général, un vice, une dérision, une sournoise piété
De le montrer toujours enfantin, souvent nu, dans la dépendance
D'une mère océane, omniprésente, incontournable, statufiée,
Déifiée, donnant à ce fils glorieux ombre et inconsistance ?

Or comment est-il ce Jésus, Fils unique dont il ne faut pas
Faire d'images qu'on idolâtre, nous dit le Père qui sait très bien
Notre désir naturel malsain de figurer ? Il nous le montre pour la foi,
Quand, à l'improviste, il apparaît au disciple bien-aimé sur sa fin :

> « Moi, Jean, votre frère, et qui ai part avec vous à la tribulation et au royaume et à la persévérance en Jésus, j'étais dans l'île appelée Patmos, à cause de la parole de Dieu et du témoignage de Jésus. Je fus ravi en esprit au jour du Seigneur, et j'entendis derrière moi une voix forte, comme le son d'une trompette, qui disait: Ce que tu vois, écris-le dans un livre, et envoie-le aux sept Eglises, à Ephèse, à Smyrne, à Pergame, à Thyatire, à Sardes, à Philadelphie, et à Laodicée. Je me retournai pour connaître quelle était la voix qui me parlait. Et, après m'être retourné, je vis sept chandeliers d'or, et, au milieu des sept chandeliers, quelqu'un qui ressemblait à un fils d'homme, vêtu d'une longue robe, et ayant une ceinture d'or sur la poitrine. Sa tête et ses cheveux étaient

blancs comme de la laine blanche, comme de la neige; ses yeux étaient comme une flamme de feu; ses pieds étaient semblables à de l'airain ardent, comme s'il eût été embrasé dans une fournaise; et sa voix était comme le bruit de grandes eaux. Il avait dans sa main droite sept étoiles. De sa bouche sortait une épée aiguë, à deux tranchants; et son visage était comme le soleil lorsqu'il brille dans sa force.

Quand je le vis, je tombai à ses pieds comme mort. Il posa sur moi sa main droite en disant: Ne crains point ! Je suis le premier et le dernier,18 et le vivant. J'étais mort; et voici, je suis vivant aux siècles des siècles. Je tiens les clefs de la mort et du séjour des morts… » *Apocalypse ch. 1, vers. 9,18*

La honte, le mépris, l'ignominie, Jésus les a pris sur lui et portés
Jusqu'à ce qu'ils soient cloués, comme son corps et comme la Loi,
Sur le bois maudit des tourments qui sont les effets de tout péché,
Dont il s'est chargé pour qu'on en soit pardonnés, et par la foi
Libérés, le jugement qui nous donne la paix étant tombé sur lui.

N'est-ce pas suffisant, que nous le méprisions encore par l'oubli,
Par l'indifférence, par des ripailles et beuveries durant cette nuit
Sainte, précieuse, importante plus que la somme de nos vies !?

Car sans cette venue et ce sacrifice, il en aurait été de l'humanité
– Juifs, Romains, Grecs, Barbares, habitants de toutes les îles –,
Comme au temps de Noé, où seulement avec de l'eau sifflée
D'en haut et d'en bas, la page avait été tournée. Aucun de nos profils
Alors ne serait là, pour le remercier, pour entendre et comprendre
Que si nous restons mortels, ce n'est pas une fin dernière
Puisqu'on peut choisir de répondre à Dieu, et entreprendre
Une montée dans la paix, dans le bonheur, dans la lumière,
Pour maintes relations d'amour sans accroc et sans fin.
C'est pour cela que Jésus vint.

⌘

5 - Ô JEUNES !
- I –

Ô jeunes, on vous a trompés
En vous faisant prendre pour claires lanternes
Des philosophies nées de cœurs en berne,
De fausses doctrines qui sont des cavernes.

On vous a bernés,
En ne vous laissant même plus à choisir
Entre blanc et noir, vivre ou bien mourir,
En ne vous laissant que sombres avenirs ;

On vous a blousés
Par l'Evolution qui vous a fait croire
Que seuls des hasards ont fait notre histoire
Et que le succès est dans nos vouloirs !

On vous a dupés,
Par des mots plus beaux que ce qui est vrai
Séduisant vos cœurs par Fraternité,
Liberté d'aimer, de faire ce qui plaît ;

On vous a floués
Par des idéaux dignes de louange
… Mais qui parmi nous à qualité d'ange !?
N'est-on pas d'en bas, marchant dans des fanges ?

On nous a livrés
A tous nos penchants, sans assez d'amour
Pour nous corriger, sans assez de jours
A nous consacrer… juste des discours.

Qui nous ont largués
Sans guère de modèles sur qui s'appuyer,
Sans adultes mûrs pour nous rassurer
Par des vies ancrées qui nous parlent vrai !

On vous a guidés
Vous laissant tout faire - en croyant bien faire
Mais jusqu'à tomber nez dans la misère
Sombres ou débauchés, blasés ou sprinters, ou rampant par terre ;

On nous a tronqués
Ne nous instruisant que l'âme et le corps
Nous tenant vivants, mais à demi-morts,
L'Esprit s'éteignant sous le poids des torts.

On a dépouillé
Tout notre univers, notre identité,
De la dimension de ces vérités
Qui disent toujours que Dieu a créé !

On nous a caché,
Par un artifice trop bien camouflé
Le Dieu créateur, et notre péché,
Faisant de chacun un nouvel athée ;

On nous a shootés,
Entre le refus des exploitations
Et l'opium des sectes et des religions,
Dans un tiers état de l'aliénation ;

On nous a ôté
L'accès au chemin de l'éternité
Nous laissant planer pour mieux conjurer
Les creux de la vie qui s'est égarée ;

On nous a bluffés !
Nous croyant trop forts, nous avons marché !

Nous n'avons pas vu le piège avancé :
Il est si facile de croire sans piété.

Oui, ils nous ont eus !
.Mais il ne faut pas nous en révolter,
Ne pas nous dresser comme justiciers,
Ne pas en vouloir aux autorités

Parce que tous les jeunes
- On l'a tellement vu -, en prenant de l'âge
Perpétuent le jeu, mirages ou cirages
En se faisant vieux, pris dans l'engrenage.
... Alors comment rompre, âgé ou plus jeune,
Avec la tenaille et le mauvais fun ?

- II -

Il faut revenir
De ce coup de blues qui fait tout tomber,
Compris les nations qu'avaient élevées
Le Christ et la foi de ses rachetés !

Il faut retrouver
Pour quoi l'on est fait, et par quel moyen
- Qui est préparé - du mal sort le bien
Pour quiconque veut son meilleur destin.

Now the Grace says you :
- Oui, tu es poussière, ton être est perdu !
Mais j'ai pris un corps, j'ai formé Jésus
Pour payer le prix des mauvais vécus !

Il faut accepter
Qu'il est le chemin, et qu'il est étroit !...

Que la foi en Christ est la bonne voie
Qui sort de l'exil qu'on vit ici-bas.

Trompé, malmené,
Ton cœur est blindé, mais n'est sûr de rien.
Aime la vérité, elle te tend la main
C'est à ta portée, n'attends pas demain !

Tu peux trouver Dieu
Par bien moins de foi que tu as montrée
En croyant des *news* qu'on t'a présentées,
Car tout cœur sincère reconnaît le vrai ;

Viens donc rencontrer
Ce Dieu tout-puissant qui nous a créés,
Et là qui t'attend – toi ! – pour se révéler ;
Il t'éclairera des choses cachées,

La vraie liberté ;
Tu découvriras la sérénité
Par l'Esprit que Dieu pour l'éternité
À quiconque croit veut encore donner.

À toi de vouloir,
À ouvrir ton cœur, à toi de jouer :
Le dernier Joker face au Dieu sévère
C'est Jésus livré pour te racheter !

Prends la balle au bond, elle t'est envoyée,
À Toi de répondre, à toi de jouer

⌘

6 - Ô MES PETITS ENFANTS !

I - UN DIEU QUI EST

Ô mes petits-enfants ! ne vous a-t-on pas dit
Qu'au-dessus de vos têtes se trouve un Grand Ami
Un Dieu parfait, béni, qui vous aime, vous chérit ?

Etes-vous ignorants d'une si grande cause ?
Vous qui savez déjà l'histoire et bien des choses,
Comment se font la pluie, les volcans qui explosent,

Comment les animaux se donnent des petits,
La cause à une grippe, la cause à des radis
Quand on a mis en terre les graines d'un semis...

Et vous ne savez pas qu'on a chacun la vie
Parce qu'il y a un Dieu qui un jour a choisi
De former de la terre un homme son ami ?

Il prit un peu d'argile pour façonner le corps
Puis souffla de sa vie pour qu'il ne soit pas mort.
Ainsi partit la vie que nous avons encore !...

Maintenant ce Grand Dieu qui a fait ciel et terre,
Curieusement caché, invisible lumière,
Sais-tu qu'on peut chacun entrer dans ses mystères ?

Sais-tu qu'Il te connait, qu'Il voit ce que tu fais,
Qu'Il voudrait dans ton coeur poser de ses secrets
Et venir près de toi pour t'aider, te parler ?

N'aimerais-tu donc pas savoir mieux Qui Il est ?...
C'est un Papa du ciel qui désire nous guider,
Répondre à nos questions pour qu'on soit éclairé,

Savoir pourquoi on est si loin de Ses pensées,
De Son amour pour nous, de Son éternité,
Plus souvent dans la peur et l'incrédulité.

Selon ce que l'on sait, que l'on croit ou pratique,
On peut vivre très bien, paisible et romantique,
Comme on peut devenir... le pire des moustiques !

Croyez en Dieu enfants ! Il vous aime et voudrait
Que vous Le recherchiez, apprenant ce qu'Il fait,
Instruits de ce savoir qu'on a trop délaissé.

Qui se plaît à avoir zéros ou punition ?
Qui est content d'un jeu sans règle et instructions ?
N'est-on pas plus heureux quand on sait sa leçon ?

Alors enfants vivez attentifs à ceci :
Dieu est vraiment vivant ! De Lui dépend la vie !
Ouvrez vos coeurs tout grand pour qu'Il les purifie

Qu'Il lave vos péchés, vous donne meilleure vie ;
Ouvrez vos coeurs à Lui, et vous serez bénis.

7 - Ô MES PETITS ENFANTS !..
- III - JESUS REVIENT

Savez-vous mes enfants que Jésus-Christ revient ?
Héros déjà venu pour prendre dans ses mains
- Que des hommes ont percées - nos fautes et le destin
De tous ceux qui Le croient et suivent son chemin,
Il va réapparaître pour seourir les siens.

Savez-vous ce futur que Dieu a préparé ?...
Savez-vous que déjà sont écrits ses projets ?
Ce qu'Il veut s'accomplit selon sa volonté
Et l'on peut en connaître tous les principaux faits.

Ainsi Jésus revient comme Il s'en est allé,
De son ciel descendant jusqu'à nous rencontrer
Dans les airs où soudain on sera attirés
S'élevant sans fusée comme Il quitta la terre
Le jour où Il partit pour rejoindre son Père.

Ce sera merveilleux pour tous ceux qui L'attendent !
Tout se fera très vite, que l'on soit dans des landes,
A l'école, au travail, à jouer, à écrire
Dans le temps d'un clin d'oeil on se verra partir,
Aspirés par l'amour du puissant Rédempteur
Nous rejoindrons Jésus, notre Libérateur.

Car ce monde mauvais ne peut Le recevoir,
Il restera en l'air nous tirant de l'histoire,
De ce mal qui domine et trouble nos pensées

Nous offrant dans son Ciel espace et pureté.
Vous imaginez-vous ce que ce jour sera,
Où d'un coup les croyants s'en iront d'ici-bas,

En laissant stupéfaits tous ceux qui préféraient
Les mauvaises actions et l'incrédulité
Plutôt que confesser leurs fautes et les laisser
… Ce qui certainement aurait pu les sauver.

Seras-tu mon enfant, de ce flot des élus
Qui de pécheurs perdus seront changés en vue
D'une vie éternelle qu'ils recevront ce jour
Où Jésus revenant prendra dans son amour
Ceux qui auront compris et voulu et admis
Que sans Lui on ne peut rien garder de la vie ?

> « … Après avoir dit cela, Jésus fut élevé pendant qu'ils le regardaient, et une nuée le déroba à leurs yeux. 10 Et comme ils avaient les regards fixés vers le ciel pendant qu'il s'en allait, voici, deux hommes vêtus de blanc leur apparurent, 11 et dirent : Hommes Galiléens, pourquoi vous arrêtez-vous à regarder au ciel ? Ce Jésus, qui a été enlevé au ciel du milieu de vous, viendra de la même manière que vous l'avez vu allant au ciel. »
> Livre des Actes des Apôtres, chap. 1, vers. 9,11

⌘

8 - ON A BESOIN DU CIEL*

Les choses ont été ainsi faites
Que les poissons ont des arêtes
Et qu'étant nous des êtres frêles
                    ... On a besoin du ciel.

Pour respirer c'est évident
Ce qu'on voit est trop consistant
Il faut de l'air à nos aisselles
                    ... On a besoin du ciel.

Soleil, nuages, pluie ou neige
Font des saisons tout le manège
Objets divers tournent en kyrielle
                    ... On a besoin du ciel.

Cette atmosphère est un champ d'ondes
Par lequel s'entretient le monde
Qu'on voit s'étendre à tire d'ailes
                    ... On a besoin du ciel.

Entre la terre et le soleil
Pour tout ce qui tourne à merveille
Sont des forces perpétuelles
                    ... On a besoin du ciel.

Si l'on avait rien que la terre
Sans l'Astre-roi et sa lumière
On vivrait dans l'artificiel
                    ... On a besoin du ciel.

On se heurte à bien des obstacles
Vivant un bien piteux spectacle
Lorsque la vie n'est que charnelle,
                      … On a besoin du Ciel.

Levons nos yeux vers l'Infini
Levons le voile de nos soucis
Ouvrons le coeur à son appel,
                      … On a besoin du Ciel.

On a besoin de Jésus-Christ
Descendu éclairer nos nuits
Remonté au trône éternel
                      … Pour nous ouvrir le Ciel !

Sans Lui il n'est pas de pardon
On meurt dans notre déraison ;
Mais la foi en Emmanuel
                      … Fait descendre le Ciel.

L'Esprit ainsi s'offre à tout coeur
Qui aspire à un vrai bonheur,
La vie est adoucie de miel
                      … Quand elle coule aussi du Ciel.

* Les Beatles ont chanté : « All you need is love » (Tout ce dont tu as besoin c'est d'amour). Mais pour que l'amour dure sur la terre, n'avons-nous pas besoin de cet amour transcendant du Dieu qui est aux cieux et qui veut répandre l'amour qu'il est dans nos cœurs dégagés du mal ?

⌘

- Au fait Papé, après tout, il n'y a pas de date précise pour se souhaiter de bonnes choses et se faire des cadeaux ! C'est pendant que les gens sont vivants qu'il faut le faire, et à l'improviste je trouve que c'est encore mieux ; quand les gens ne s'y attendent pas, quand il n'y a même pas de raison… Sauf celle qu'on les aime !
Alors tiens pour toi (Timothée sort un cadeau de derrière son dos) ; Je t'aime Papé.

- Ô Timothée… Je t'aime moi aussi !

- Noël et la naissance de Jésus, c'est vraiment deux cadeaux d'amour.

- Je le crois aussi.
Après, cela dépend de ce que nous en faisons.

⌘

Claude Trouiller - 2021 - @LGDDV